PROGRESSIVE
SIGHT READING
EXERCISES
FOR PIANO
HANNAH SMITH

ISBN 978-0-7935-5262-7

Associated Music Publishers, Inc.

DISTRIBUTED BY

HAL•LEONARD™
CORPORATION
7777 W. BLUEMOUND RD. P.O. BOX 13819 MILWAUKEE, WI 53213

PREFACE

These exercises are not to be studied. Each is to be played through but once, in a tempo slow enough to enable the pupil to read without hesitation.

It is presupposed that the technical training as well as the thorough study of good music proceeds regularly with the sight reading.

CONTENTS

Part		Page
I	Consecutive whole notes—skips of a third, fourth and fifth—half notes, quarter and eighth notes in unison.	3
II	Triple time—3/4, 3/8, and 6/8 movements.	14
III	Sharps—treble and base in unison.	25
IV	Flats—common time—unison and independent parts—triple time—unison and independent parts.	37
V	Sharps, flats and naturals in combination — common and triple time.	49
VI	Dotted notes.	61
VII	Syncopations.	73
VIII	Two voiced exercises in all the keys.	85

PROGRESSIVE EXERCISES IN SIGHT READING.

Part I.

HANNAH SMITH.

4

7.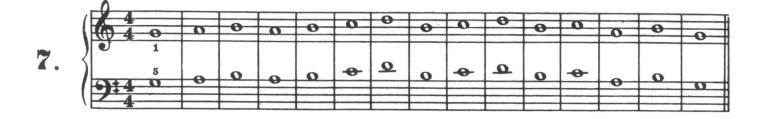

8.

9.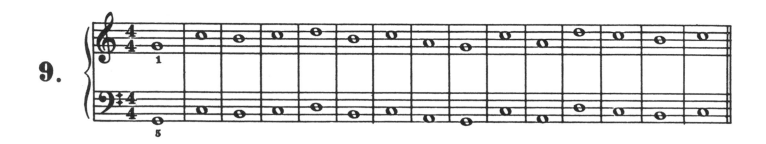

10.

11.

12.

13.

14.

15.
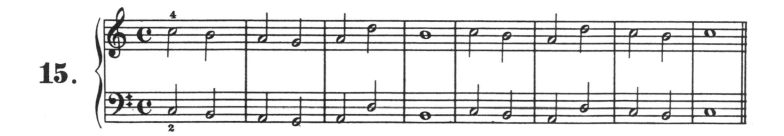

16.

17.

18.

19.

20.

21.

22.

23.

24.

25.

26.

27.

28.

29.

30.

31.

32.

33.

34.

35.

36.

37.

38.

39.

40.

41.

42.

43.

44.

45.

46.

47.

48.

49.

50.

51.

52.

53.

54.

55.

56.

57.

58.

59.

60.

PROGRESSIVE EXERCISES IN SIGHT READING.

Part II.

HANNAH SMITH.

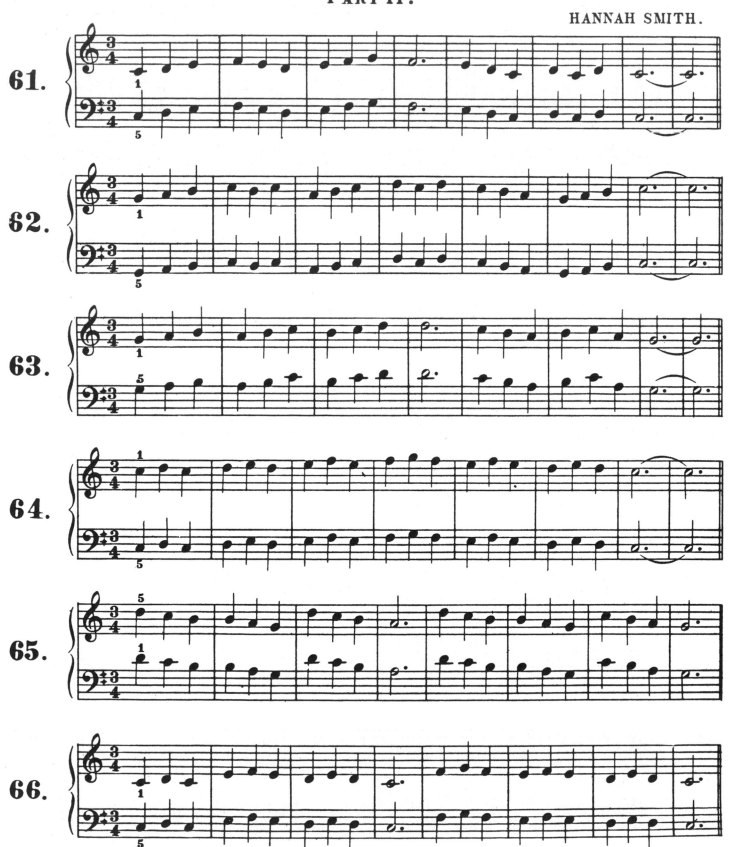

67.

68

69

70.

71.

72.

73.

74.

75.

76.

77.

78.

79.

80.

81.

82.

83.

84.

85.

86.

87.

88.

89.

90.

91.

92.

93.

94.

95.

96.

97.

98.

99.

100.

101.

102.

103.

104.

105.

106.

107.

108.

109.

110.

111.

112.

113.

114.

115.

116.

117.

118.

119.

120.

121.

122.

123.

124.

PROGRESSIVE EXERCISES IN SIGHT READING.

Part III.

HANNAH SMITH

131.

132.

133.

134.
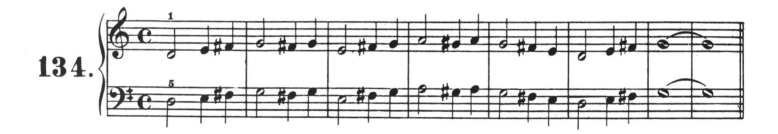

135.

136.
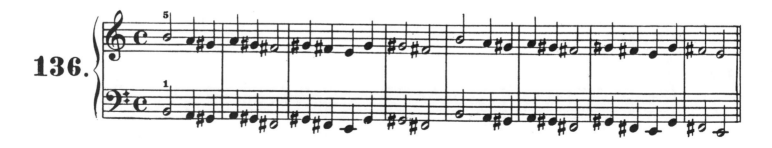

137.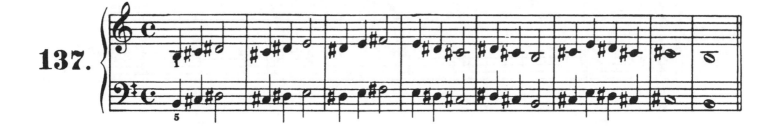

138.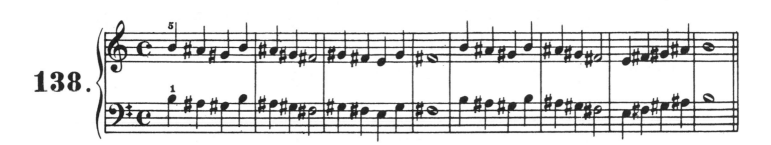

139.

140.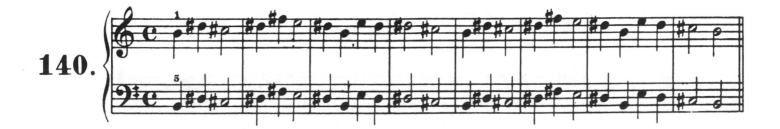

141.

142.

143.

144.

145.

146.

147.

148.

149.

150.

151.

152.

153.

154.

155.

156.

157.

158.

159.

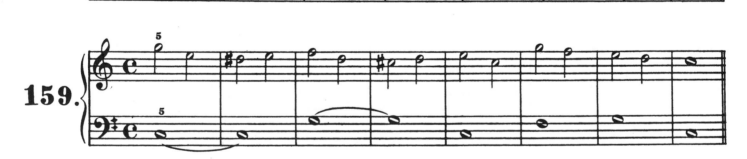

160.

168.

169.

170.

171.

172.

173.

174.

175.

176.

177.

178.

179.

180.

181.

182.

183.

184.

185.

186.

187.

188.

189.

190.

191.

192.

193.

194.

195.

196.

197.

PROGRESSIVE EXERCISES IN SIGHT READING.

Part IV.

HANNAH SMITH.

38

203.

204.

205.

206.

207.

208.

209.

210.

211.

212.
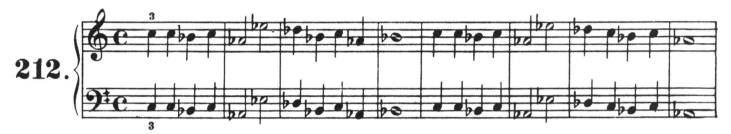

213.

214.

215.

216.

217.

218.

219.

220.

221.

222.

223.

224.

225.

226.

227.

228.

229.

230.

231.
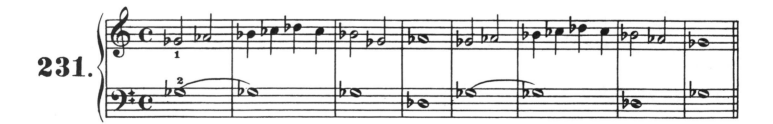

232.

233.

234.

235.

236.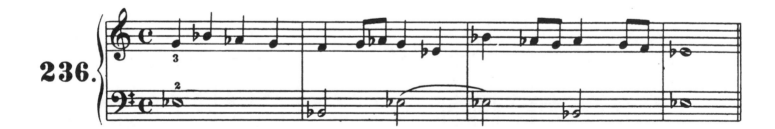

237.

238.

239.

240.

241.

242.

243.

244.

245.

246.

247.

248.

249.

250.

251.

252.

253.

254.

255.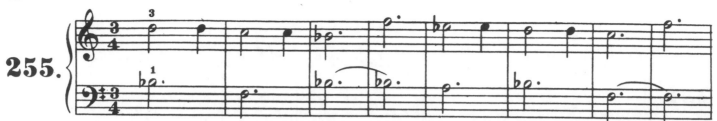

256.

257.

258.

259.

PROGRESSIVE EXERCISES IN SIGHT READING.

Part V.

HANNAH SMITH.

260.

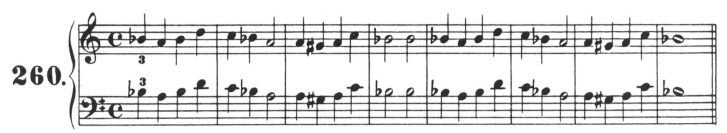

261.

262.

263.

264.

265.

266.

267.

268.

269.

270.

271.

272.
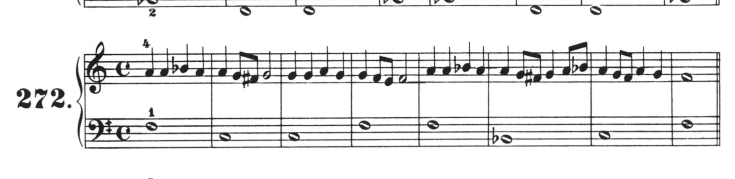

273.

274.

275.

276.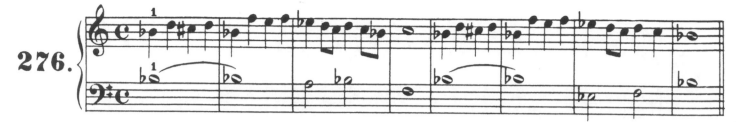

277.

278.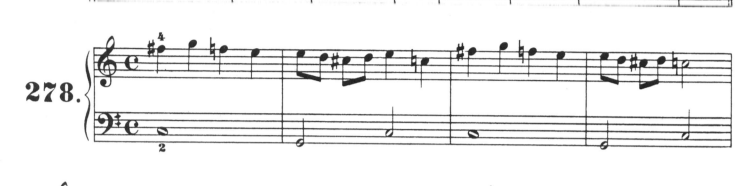

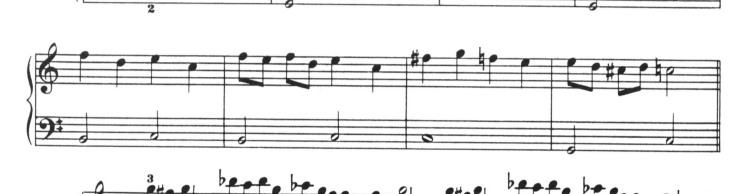

279.

280.

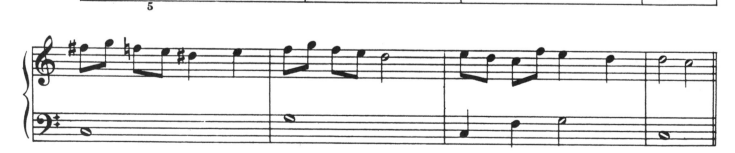

281.

282.

283.

284.

285.

286.

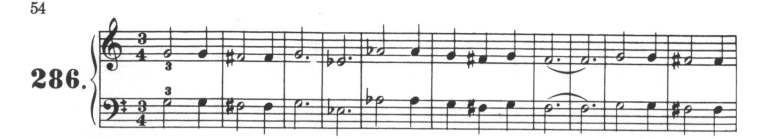

287.

288.

289.

290.

291.

292.

293.

294.

295.

296.

297.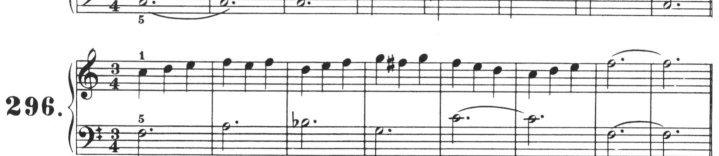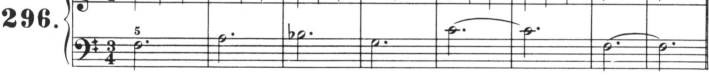

298.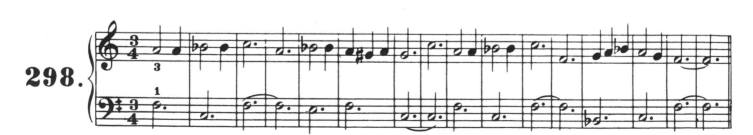

299.

300.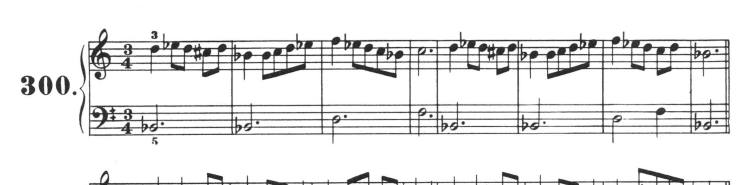

301.

302.

303.

304.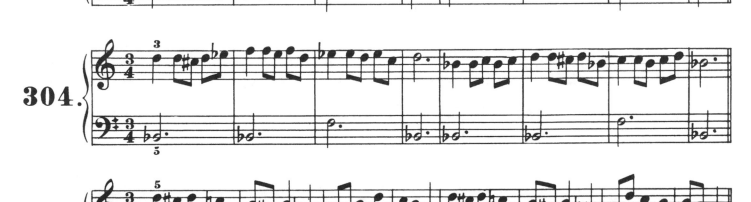

305.

306.

307.

308.

309.

310.

311.

312.

313.

314.

315.

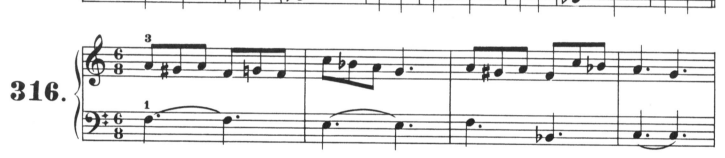

316.

317.

PROGRESSIVE EXERCISES IN SIGHT READING.

PART VI.

HANNAH SMITH.

323.

324.

325.

326.

327.

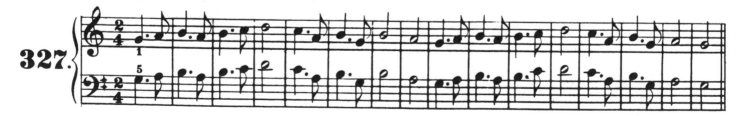

328.

329.

330.

331.

332.

333.

334

335.

336.

337.

338.

339.

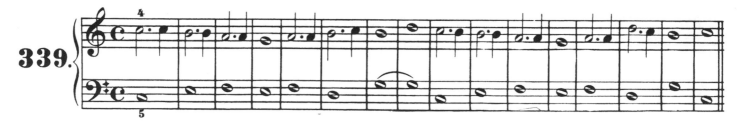

340.

341.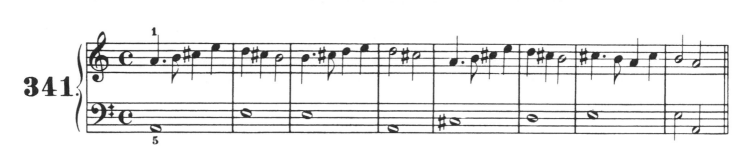

342.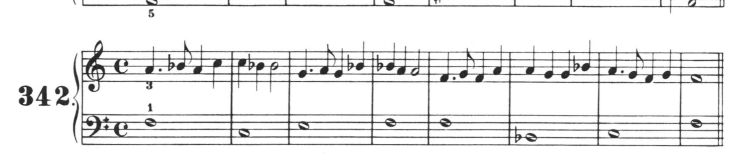

343.

344.

345.

346.

347.

348.

349.

350.

351.

352.

353.

354.

355.

356.

357.

358.

359.

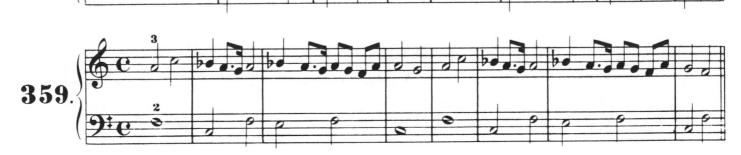

360.

361.

362.

363.

364.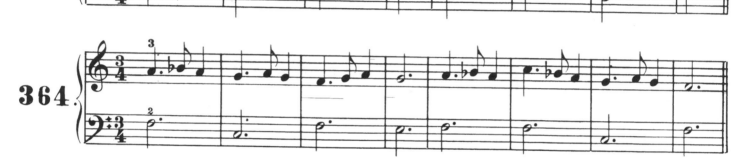

365.

366.

367.

368.

369.

370.

371.

372.

373.

374.

375.

376.

377.

378.

379.

380.

381.

382.

383.

384.

385.

386.

387.

388.

PROGRESSIVE EXERCISES IN SIGHT READING.

Part VII.

HANNAH SMITH.

395.

396.

397.

398.

399.

400.

401.

402.

403.

404.

405.

406.

407.

408.

409.

410.

411.

412.

413.

414.

415.

416.

417.

417.

418.
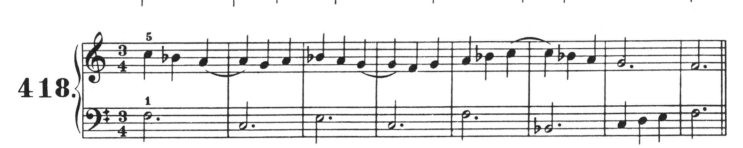

419.

420.

421.

422.

423.

424.

425.

426.

427.

428.

429.

430.

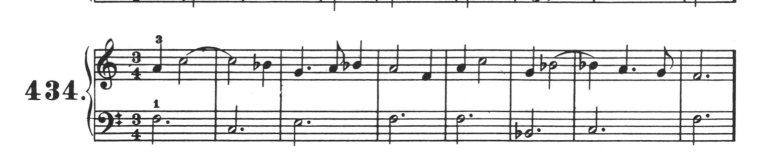

436.

437.

438.

439.

440.

441.

442.

443.

444.

445.

446.

447.

448.

449.

450.

PROGRESSIVE EXERCISES IN SIGHT READING.

Part VIII.

HANNAH SMITH.

457.

458.

459.

460.

461.

462.

463.

464.
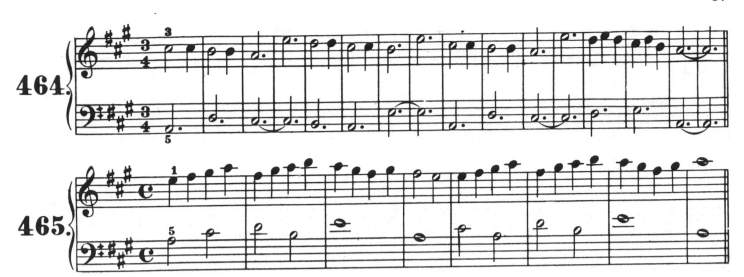

465.

466.

467.
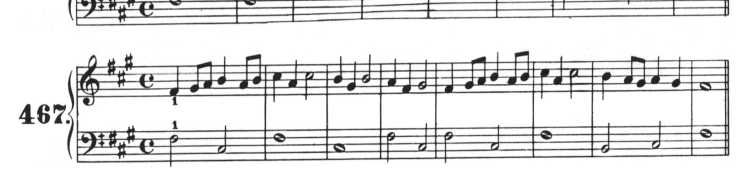

468.

469.

470.
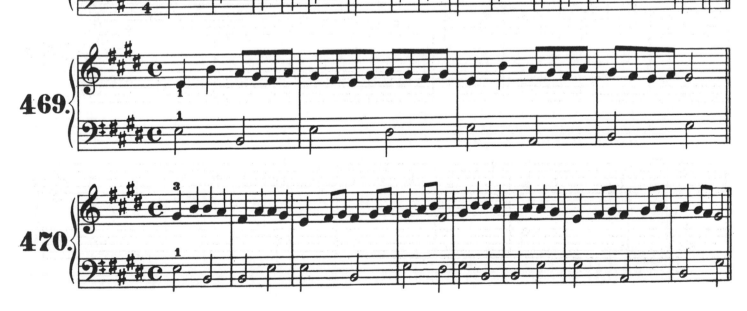

471.

472.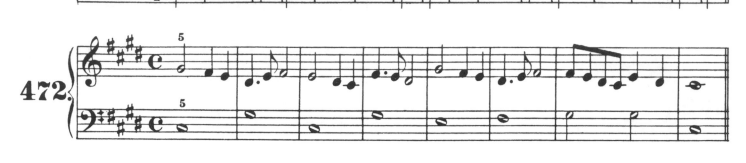

473.

474.

475.

476.

477.

478.

479.

480.

481.

482.

483.

484.

485.

486.

487.

488.

489.

490.

491.

492.

493.

494.

495.

496.

497.

498.

506.

507.

508.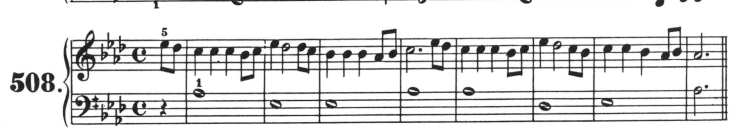

509.

510.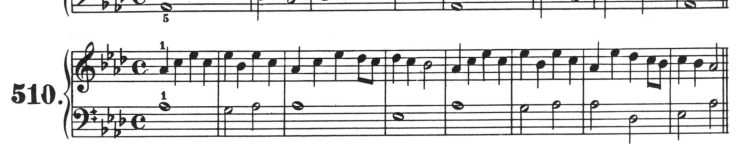

511.

512.

520.

521.
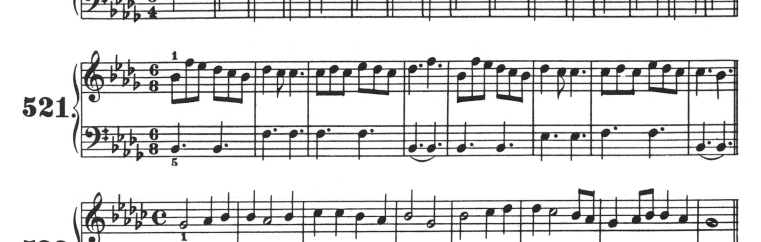

522.

523.

524.

525.

526.

527.

528.

529.

530.

531.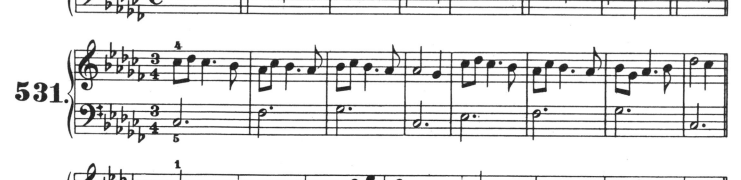

532.

533.

534.